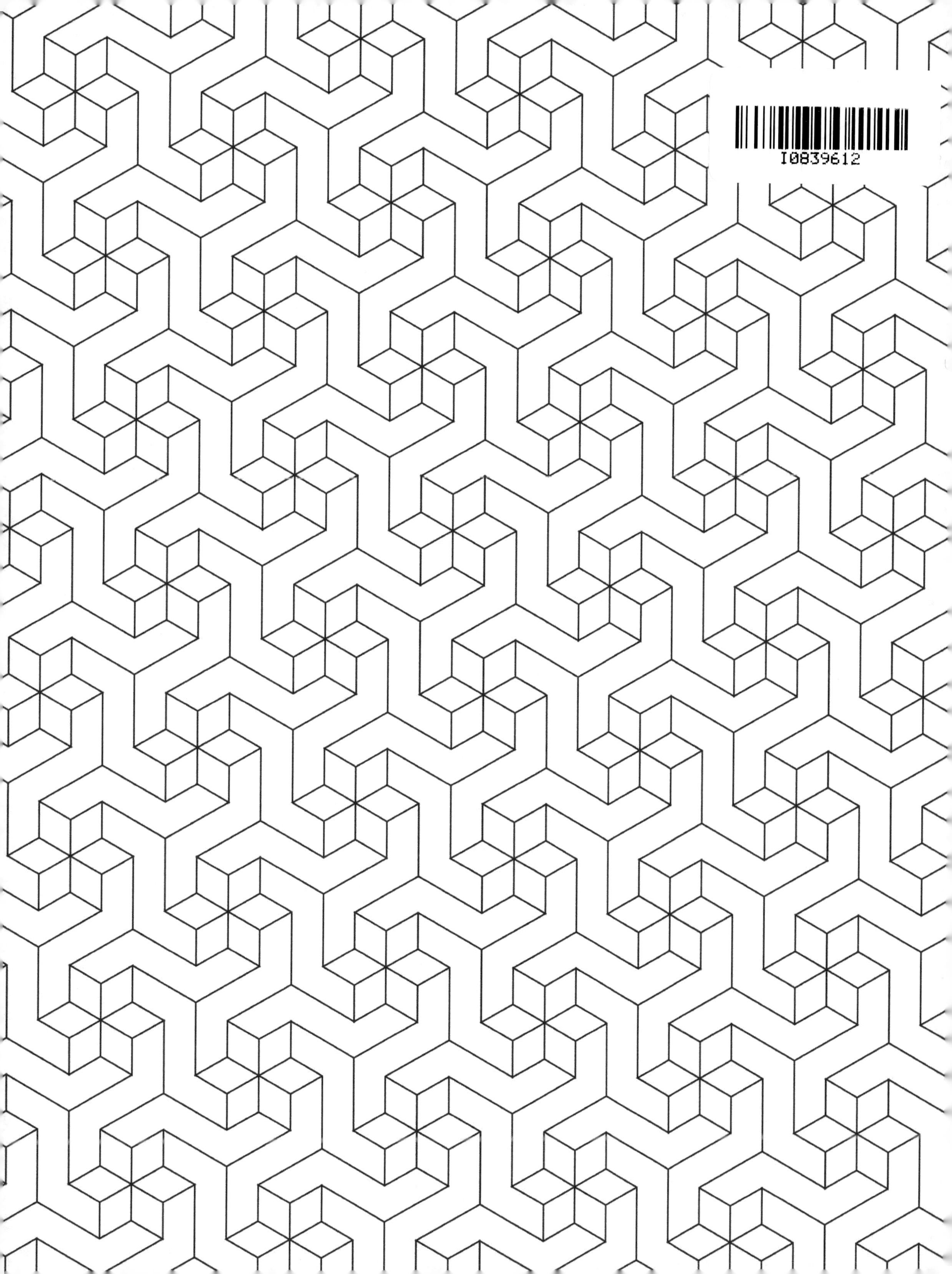
I0839612

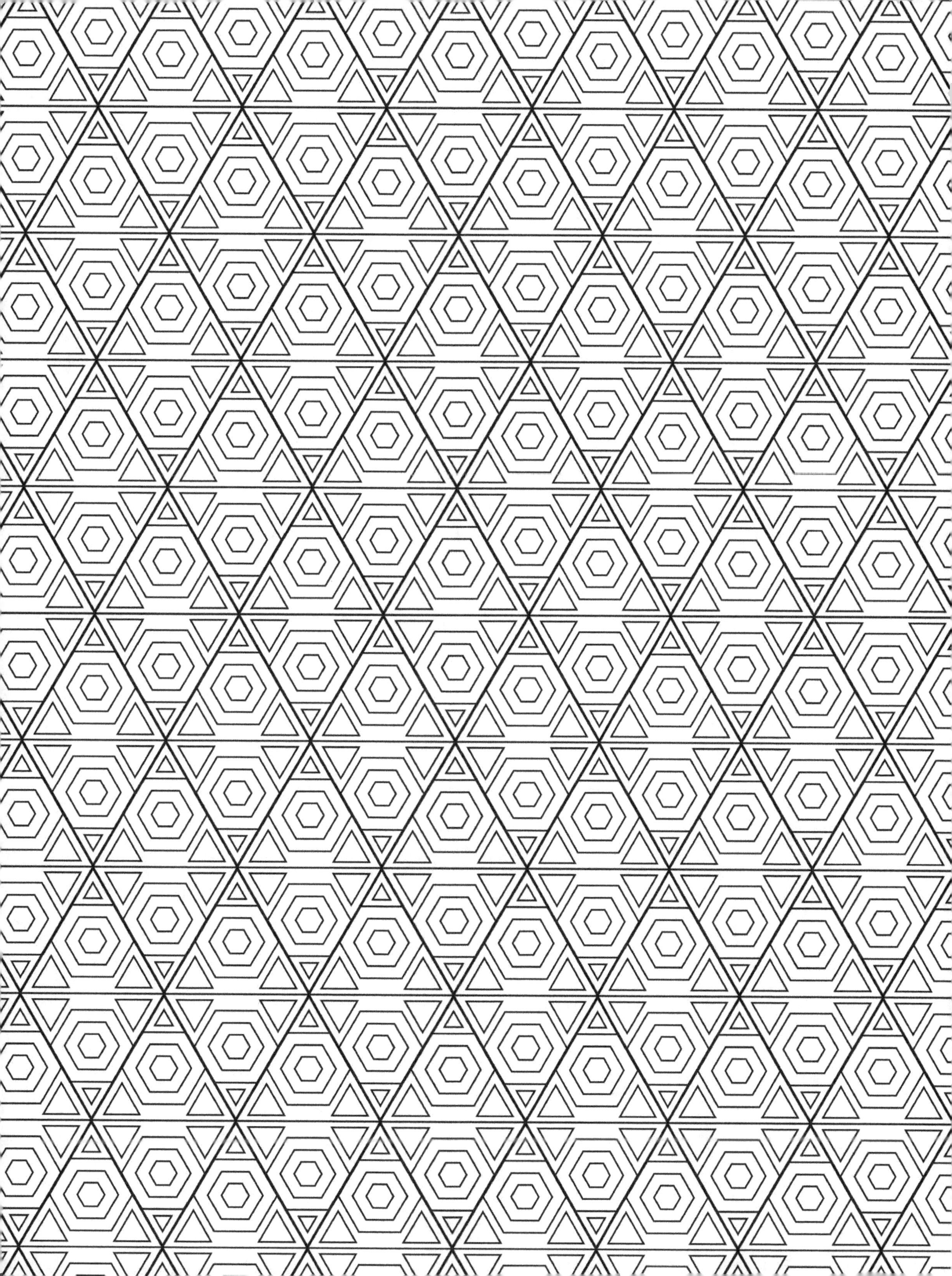

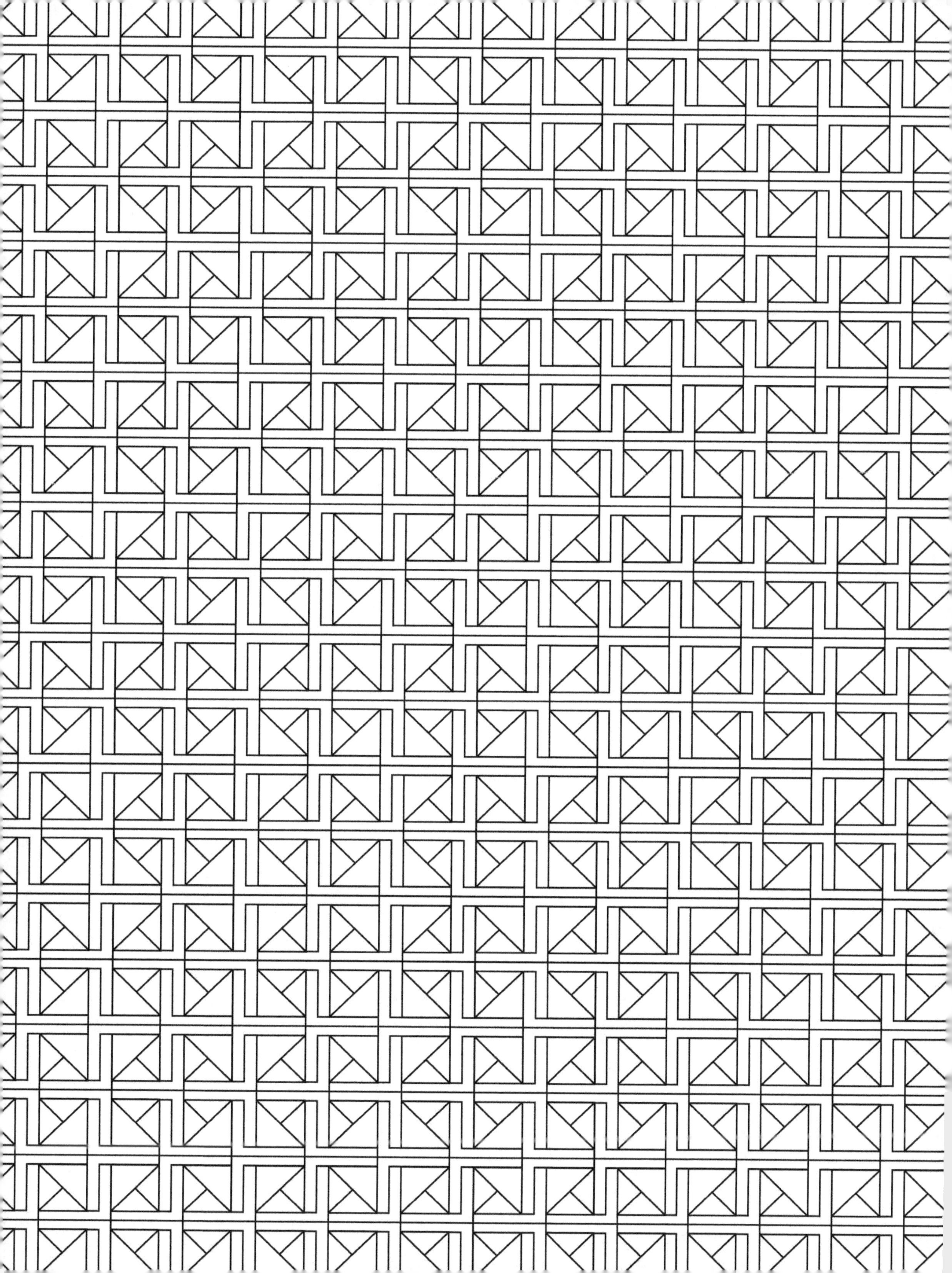

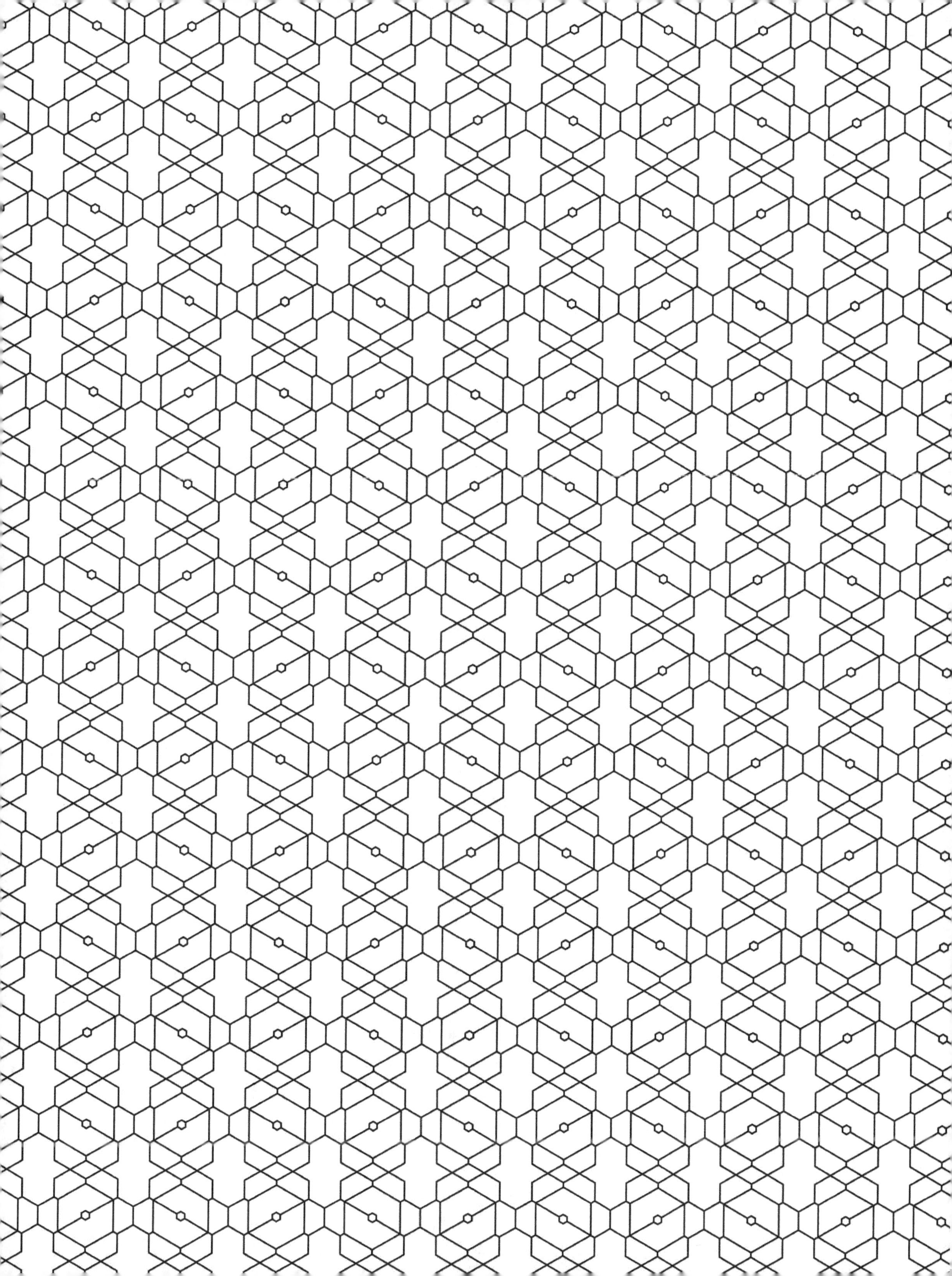

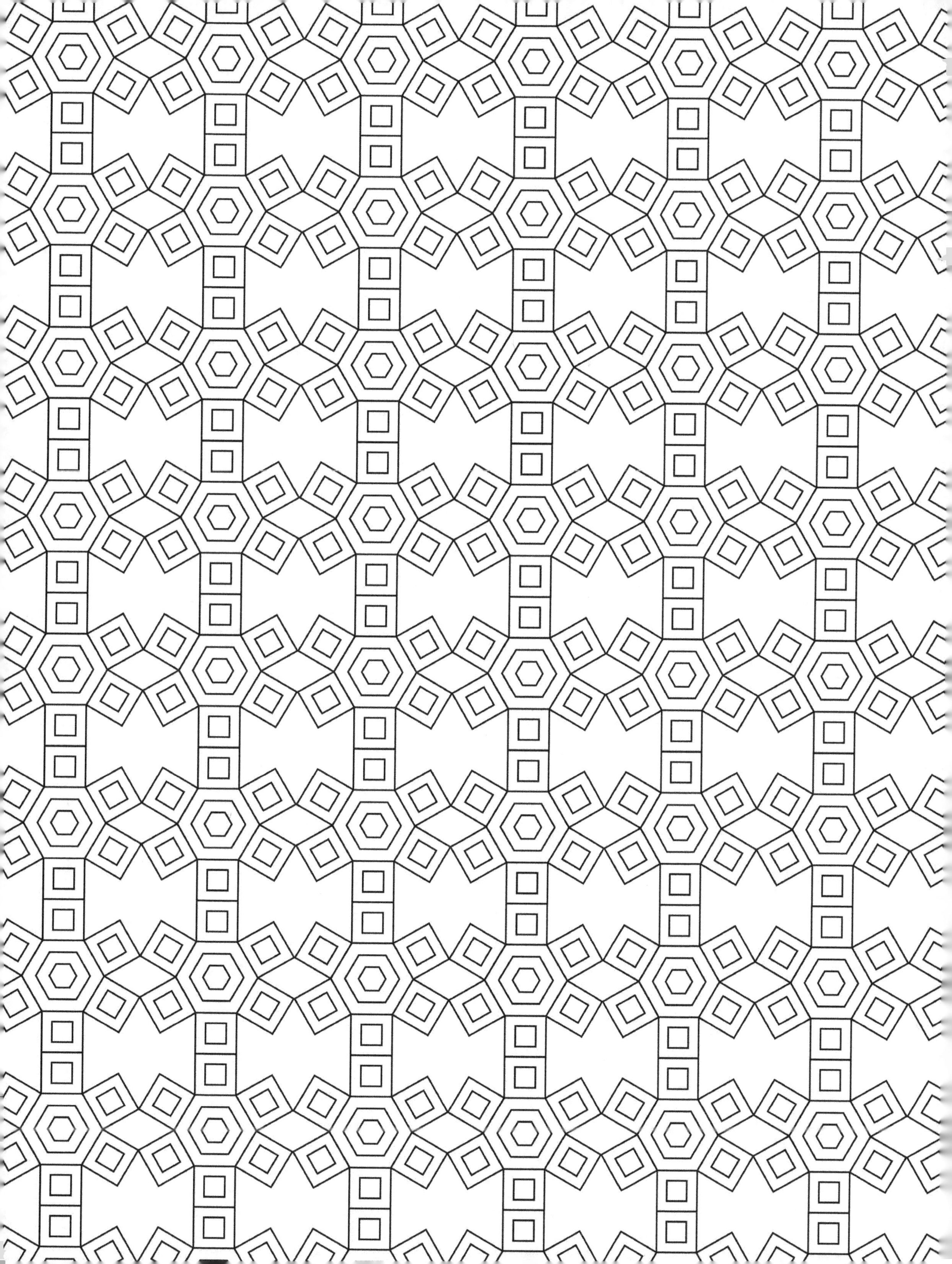

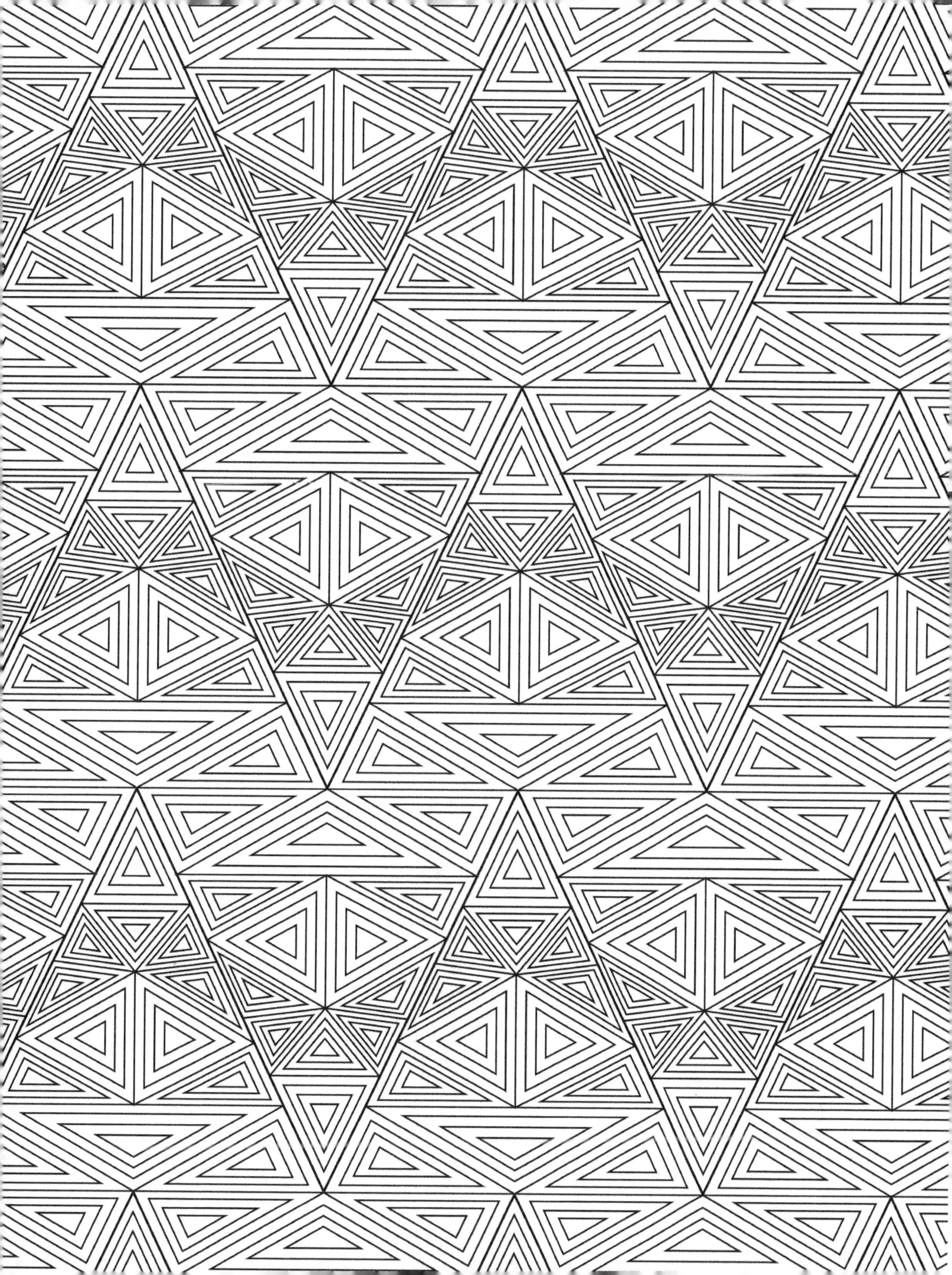

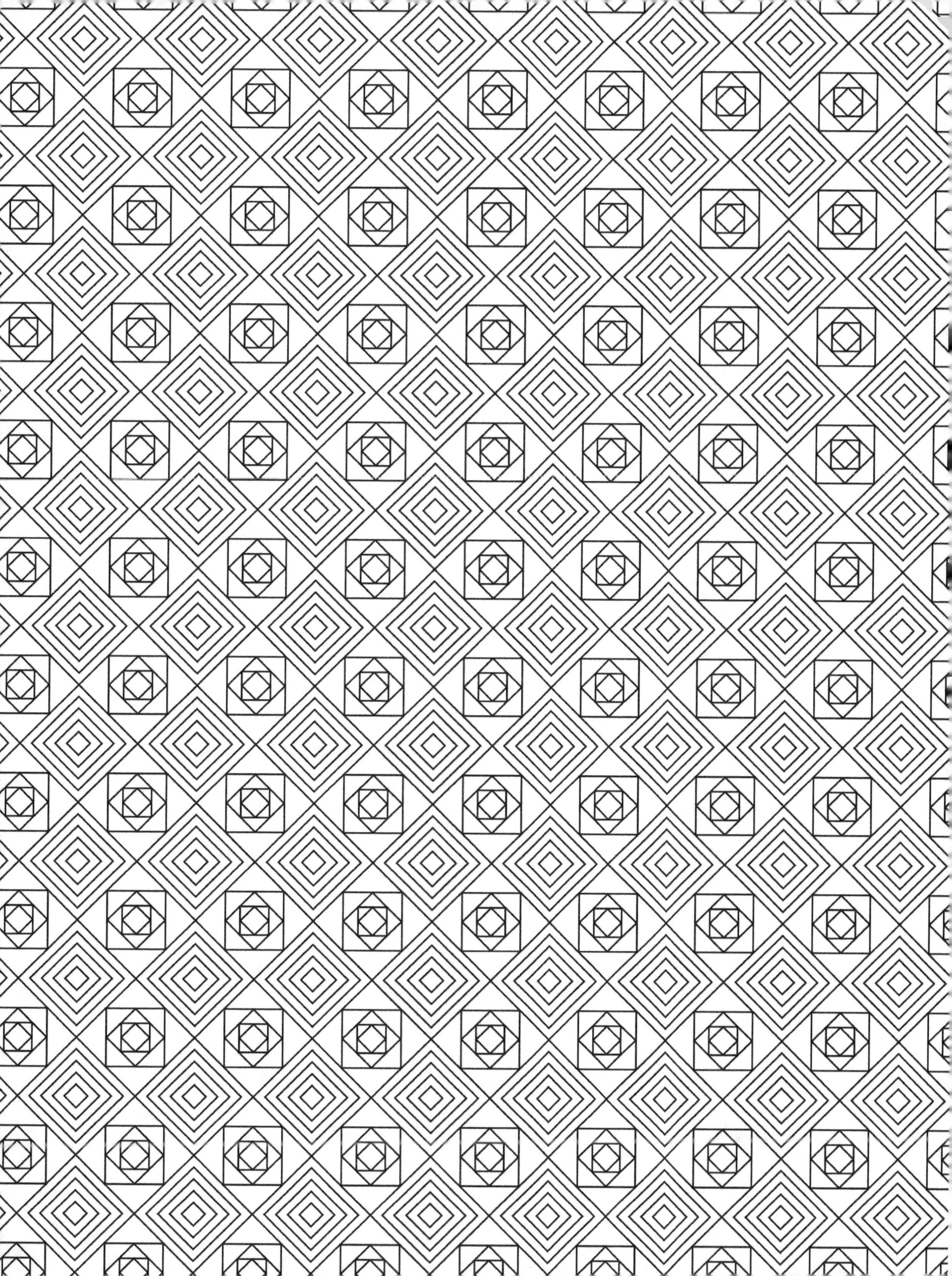

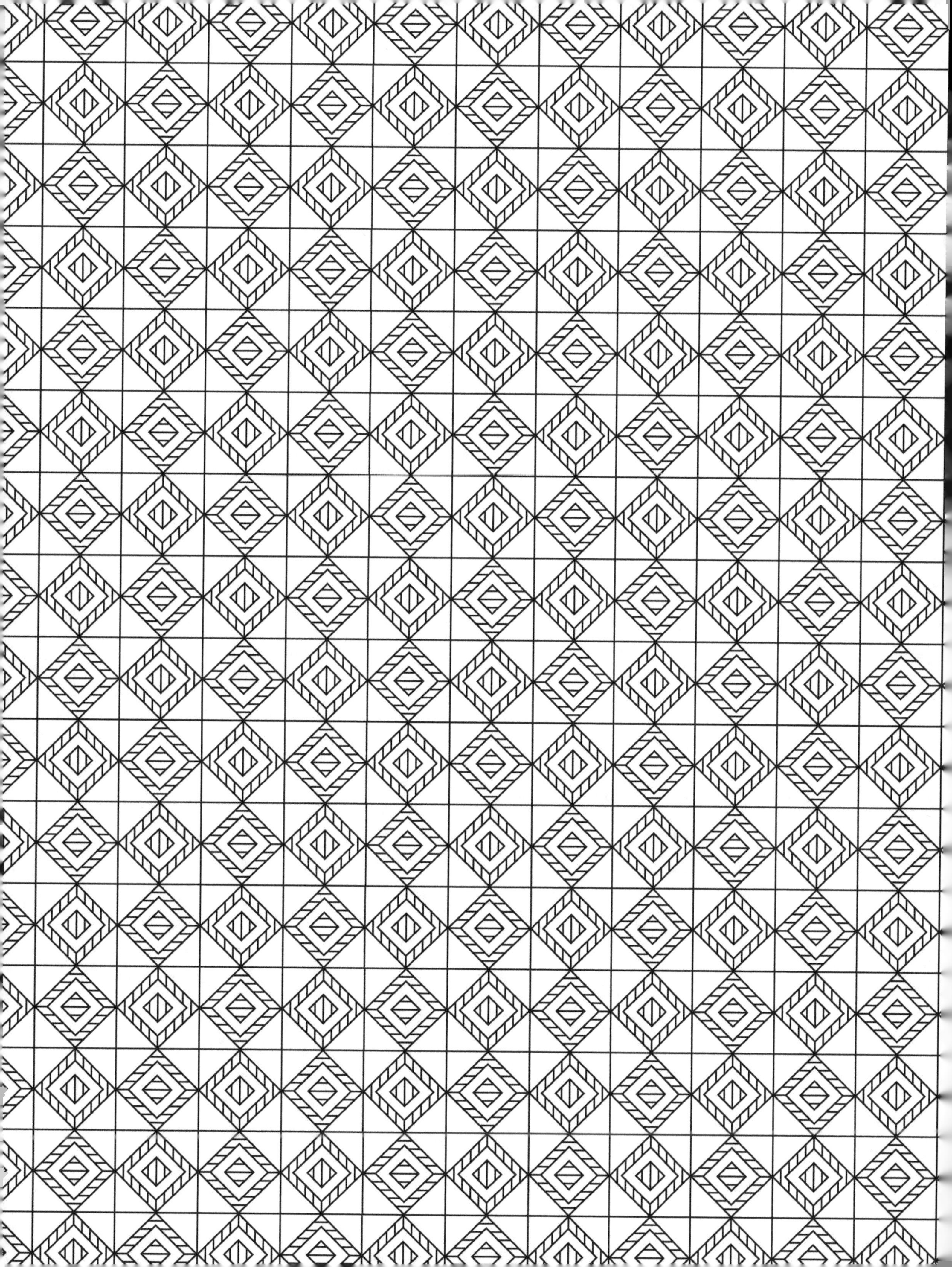

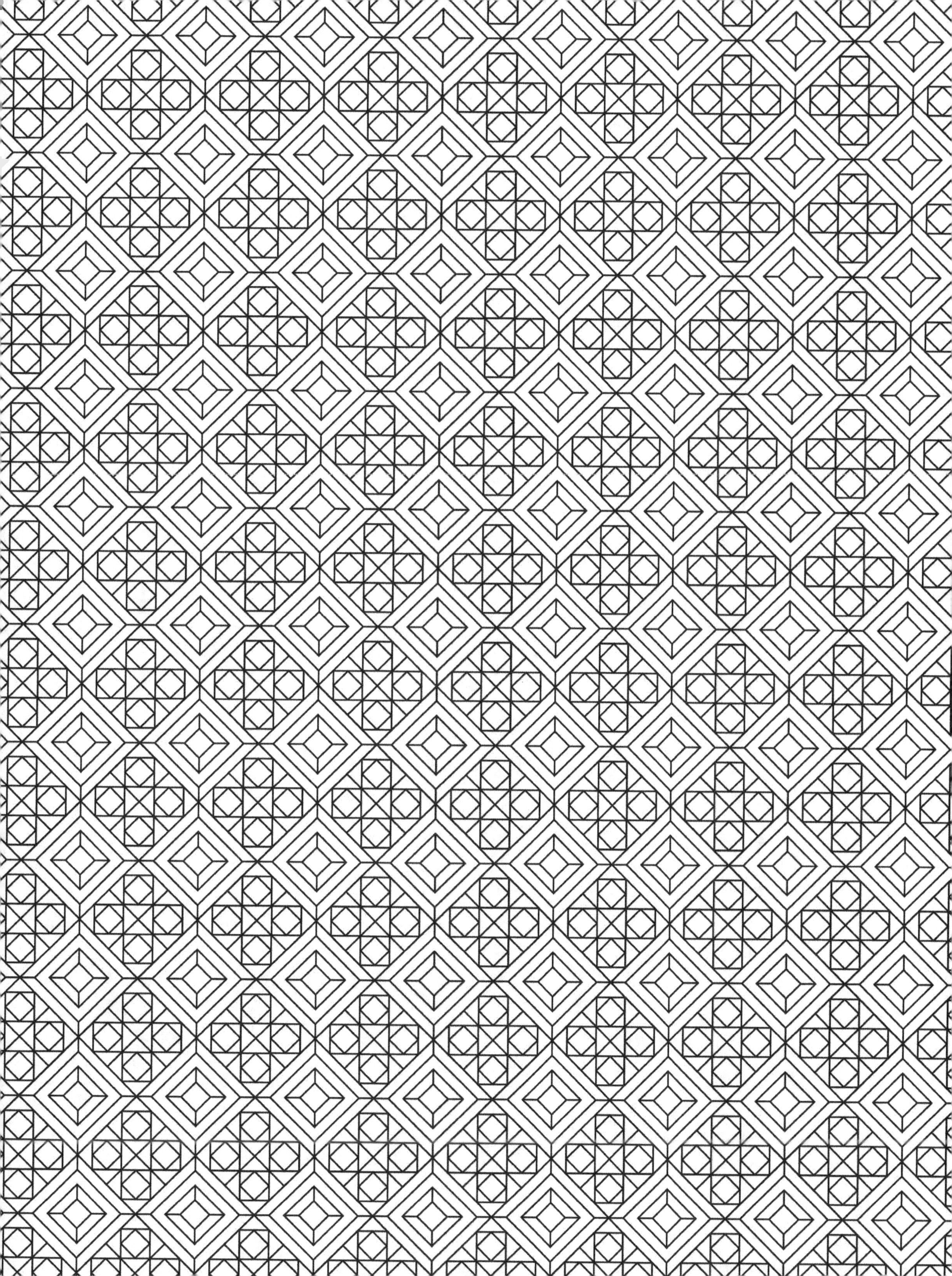

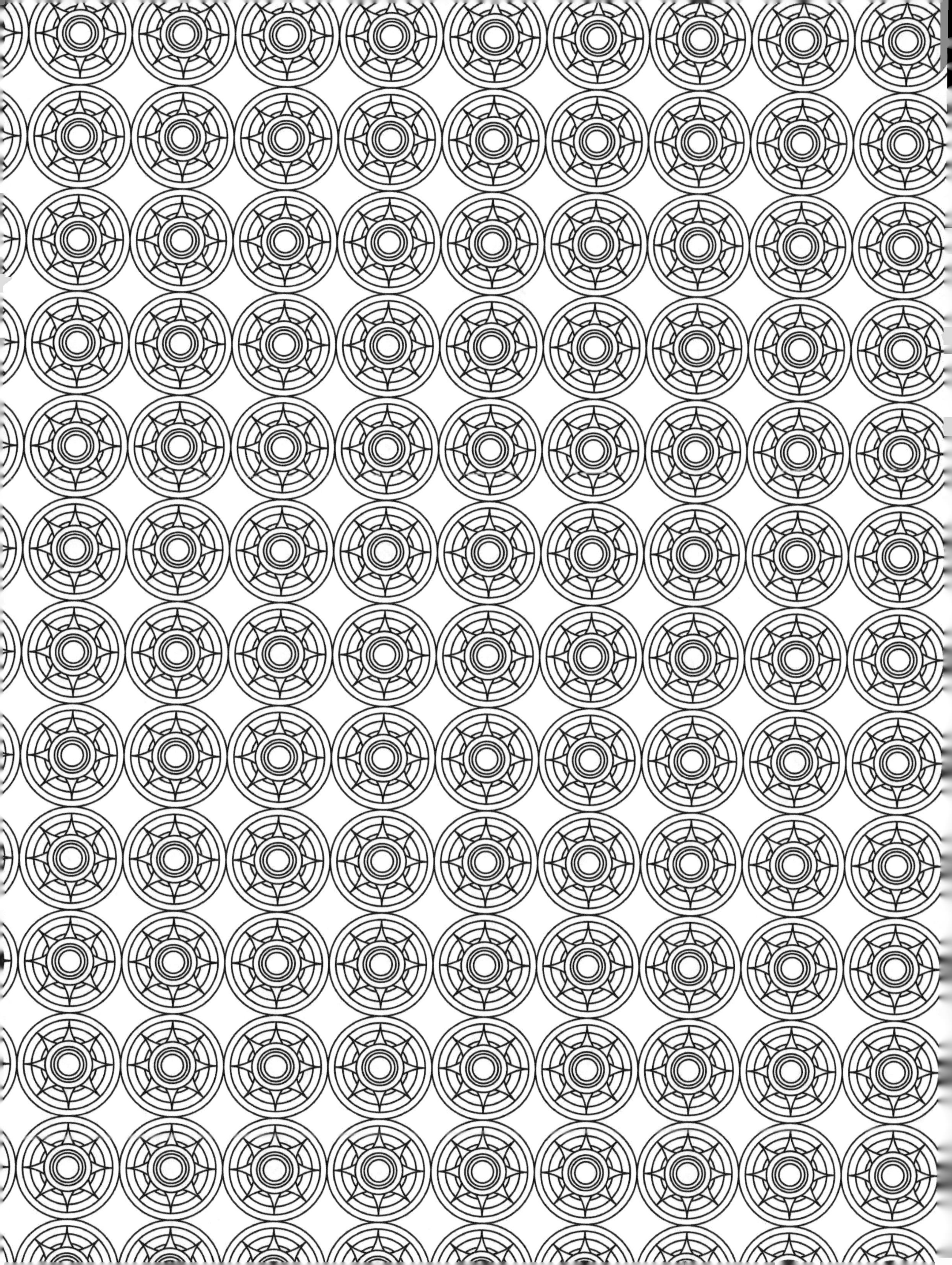

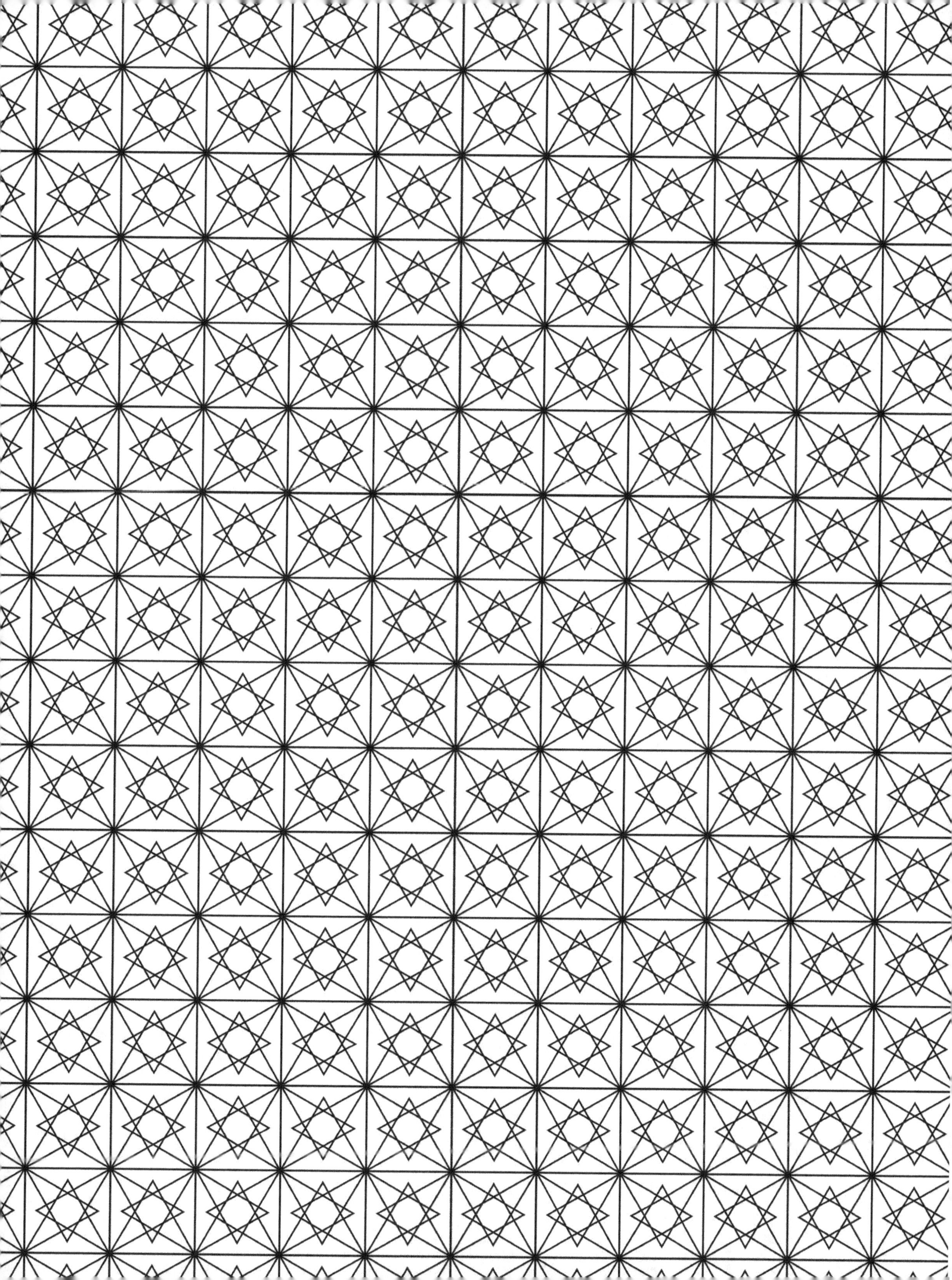

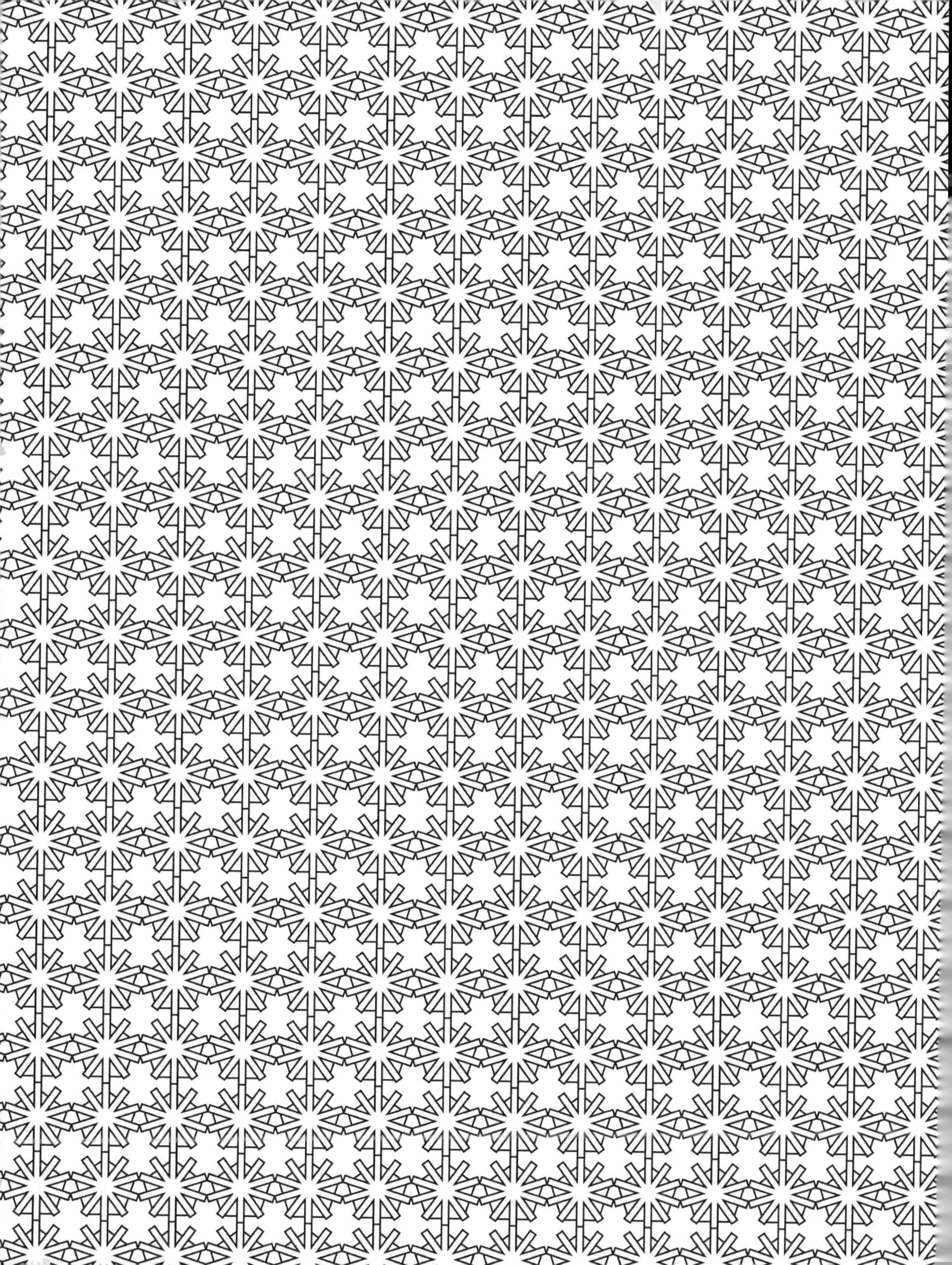

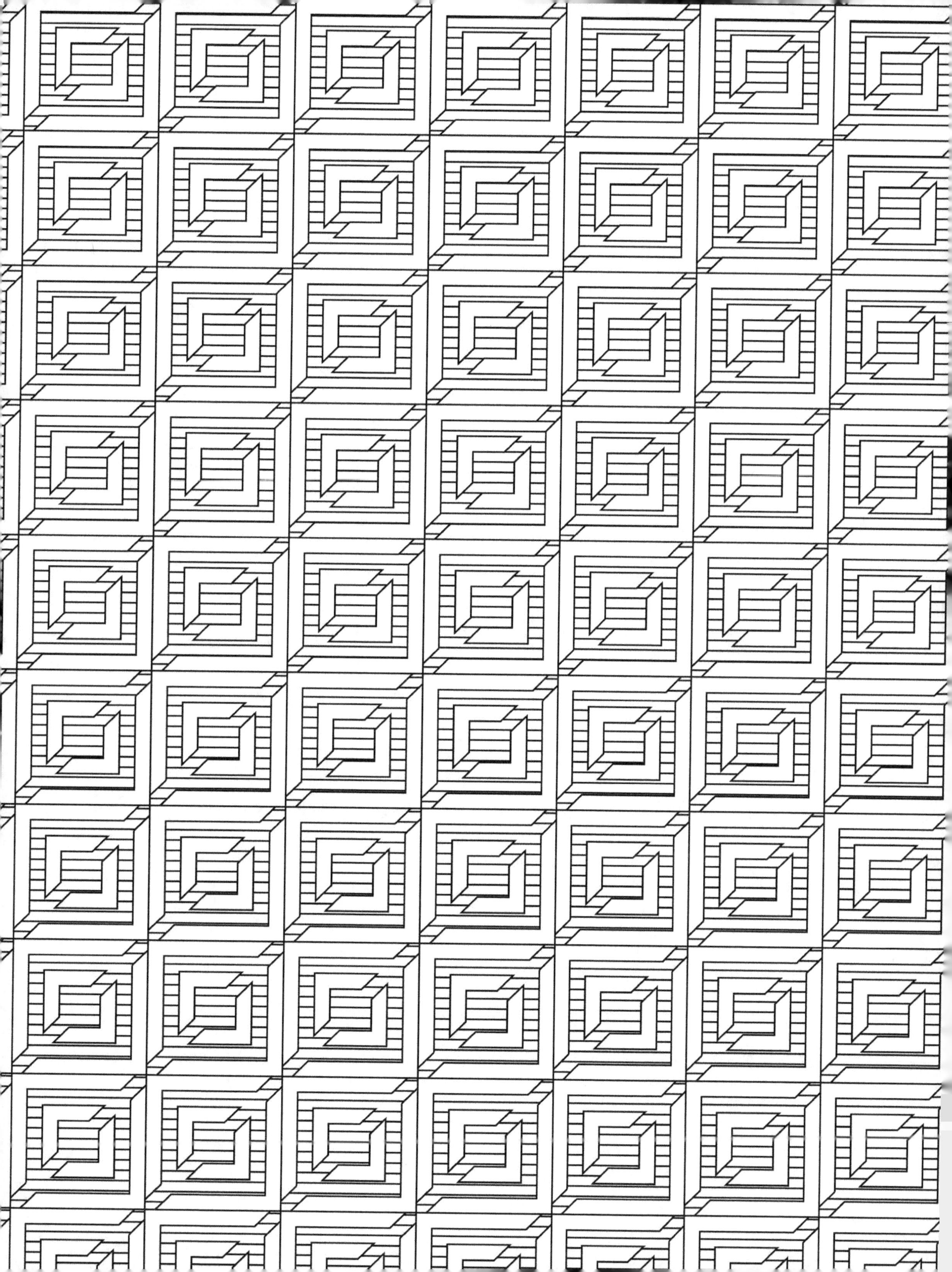

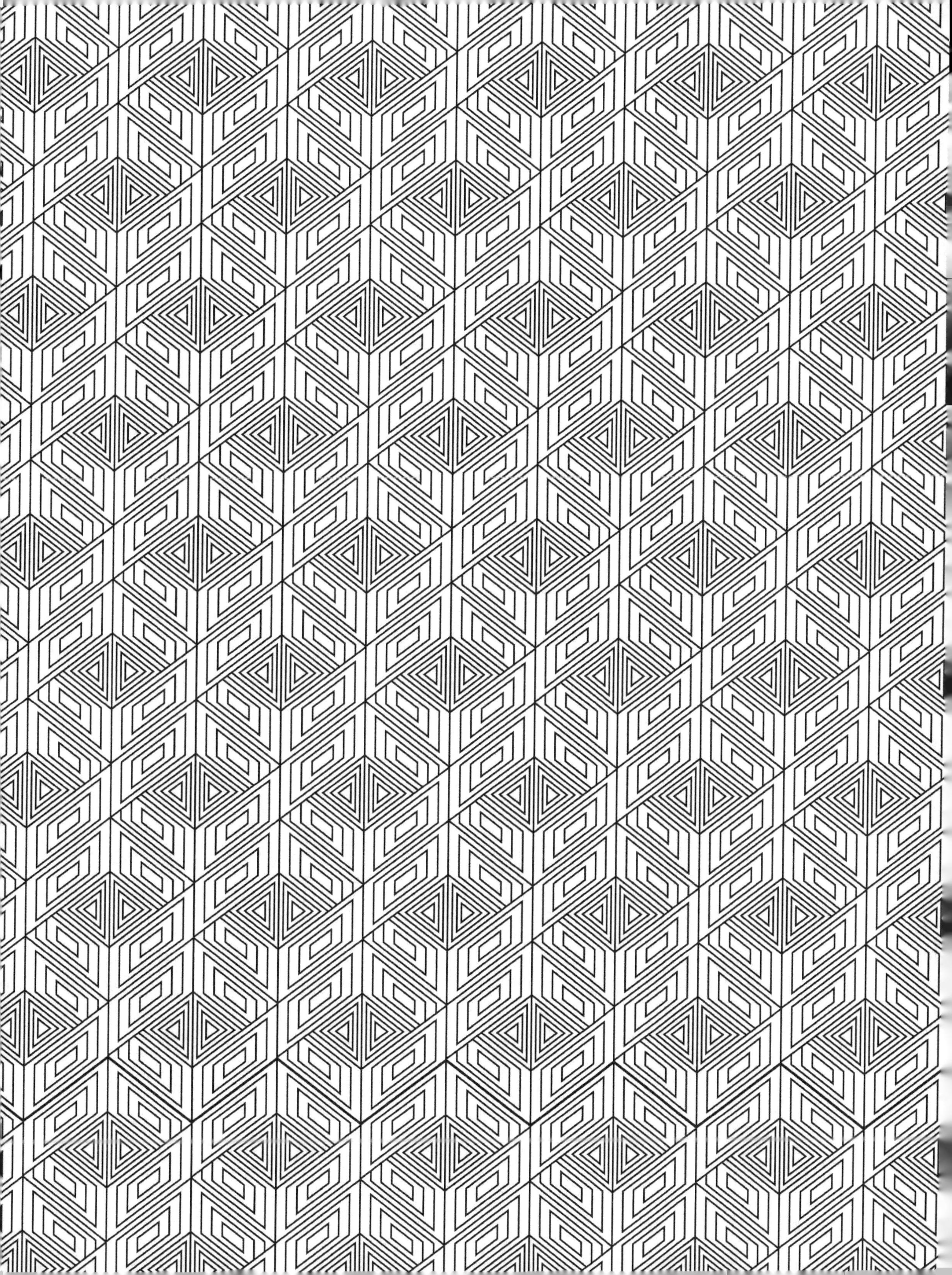

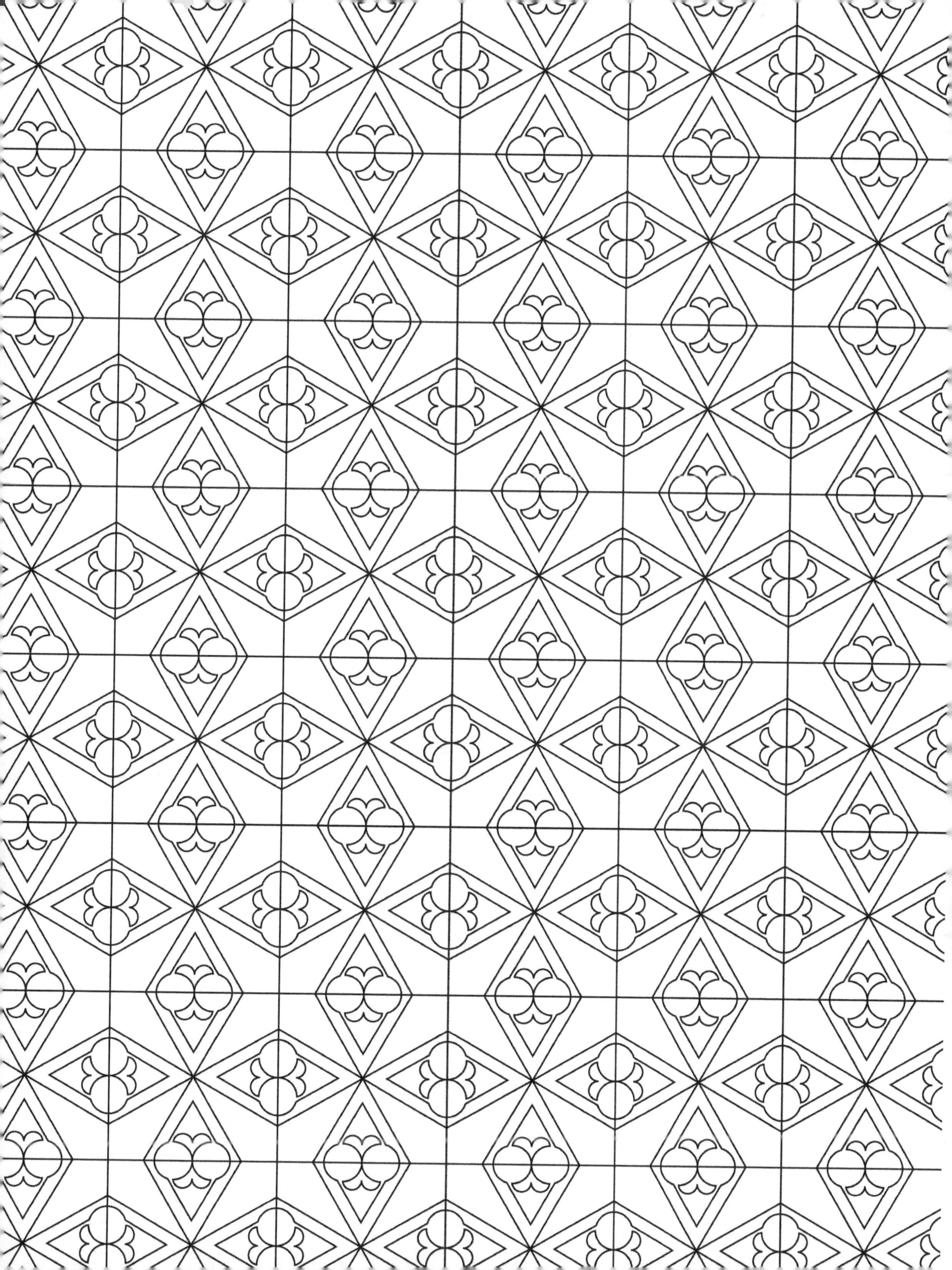

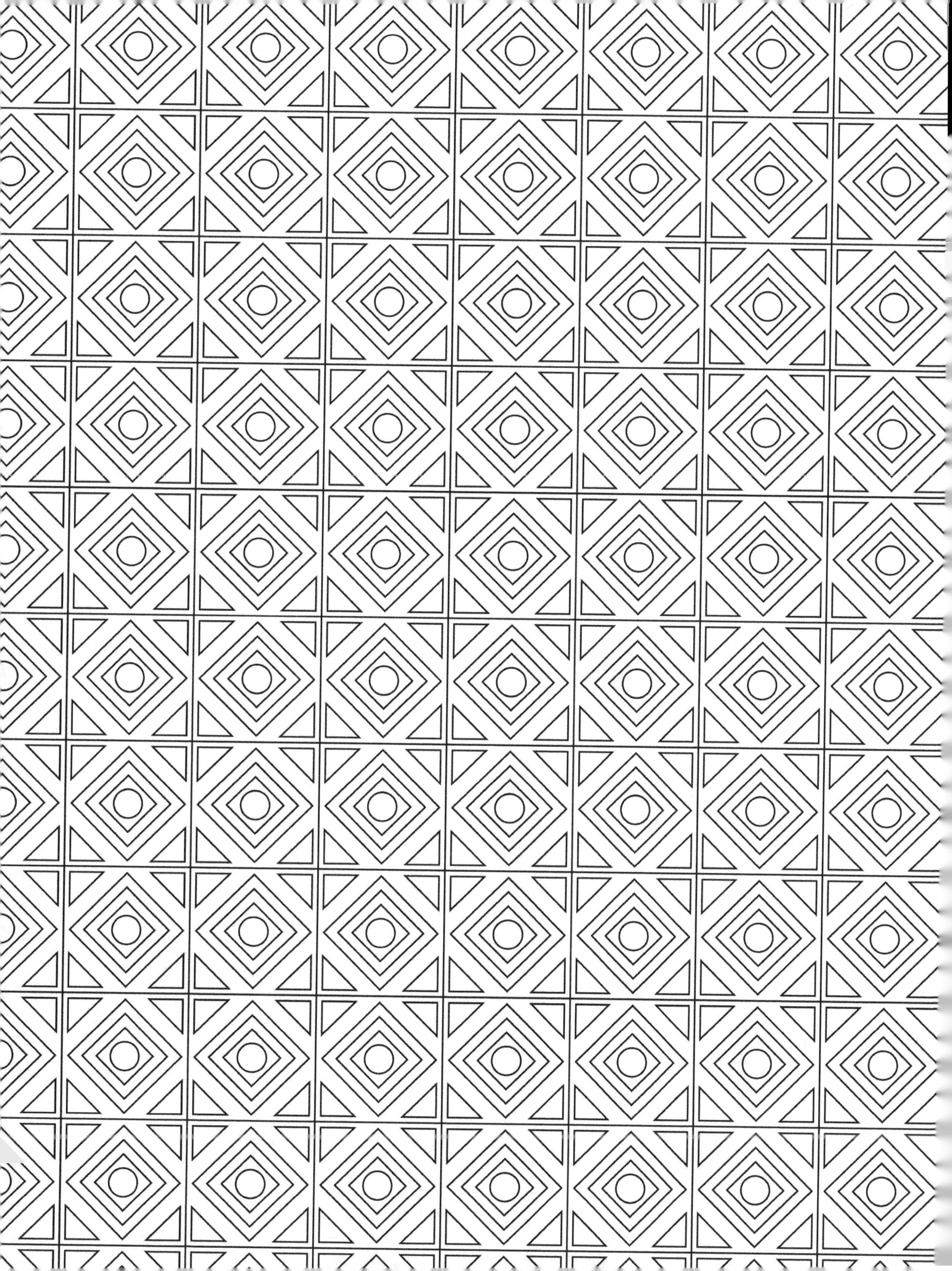

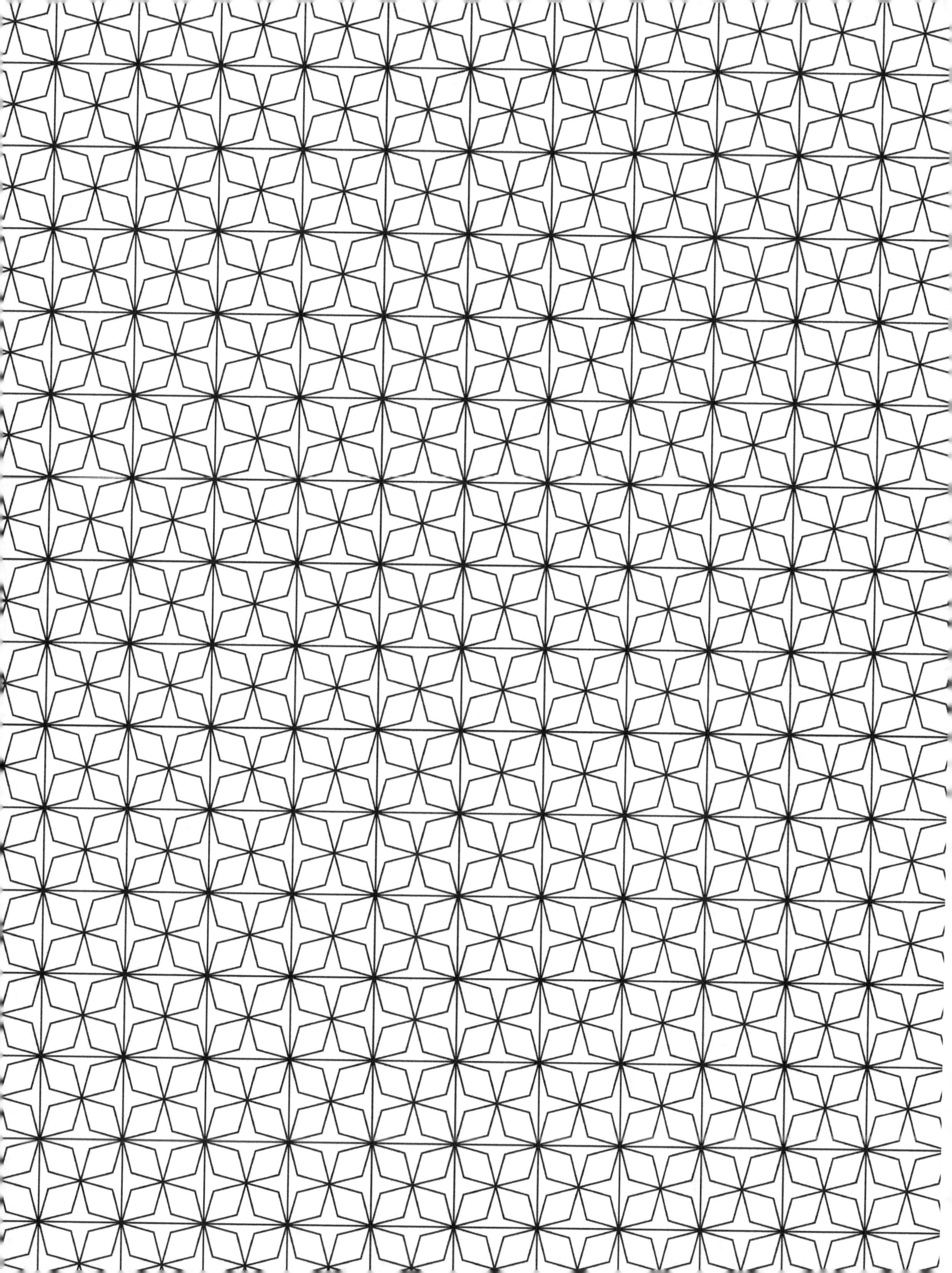

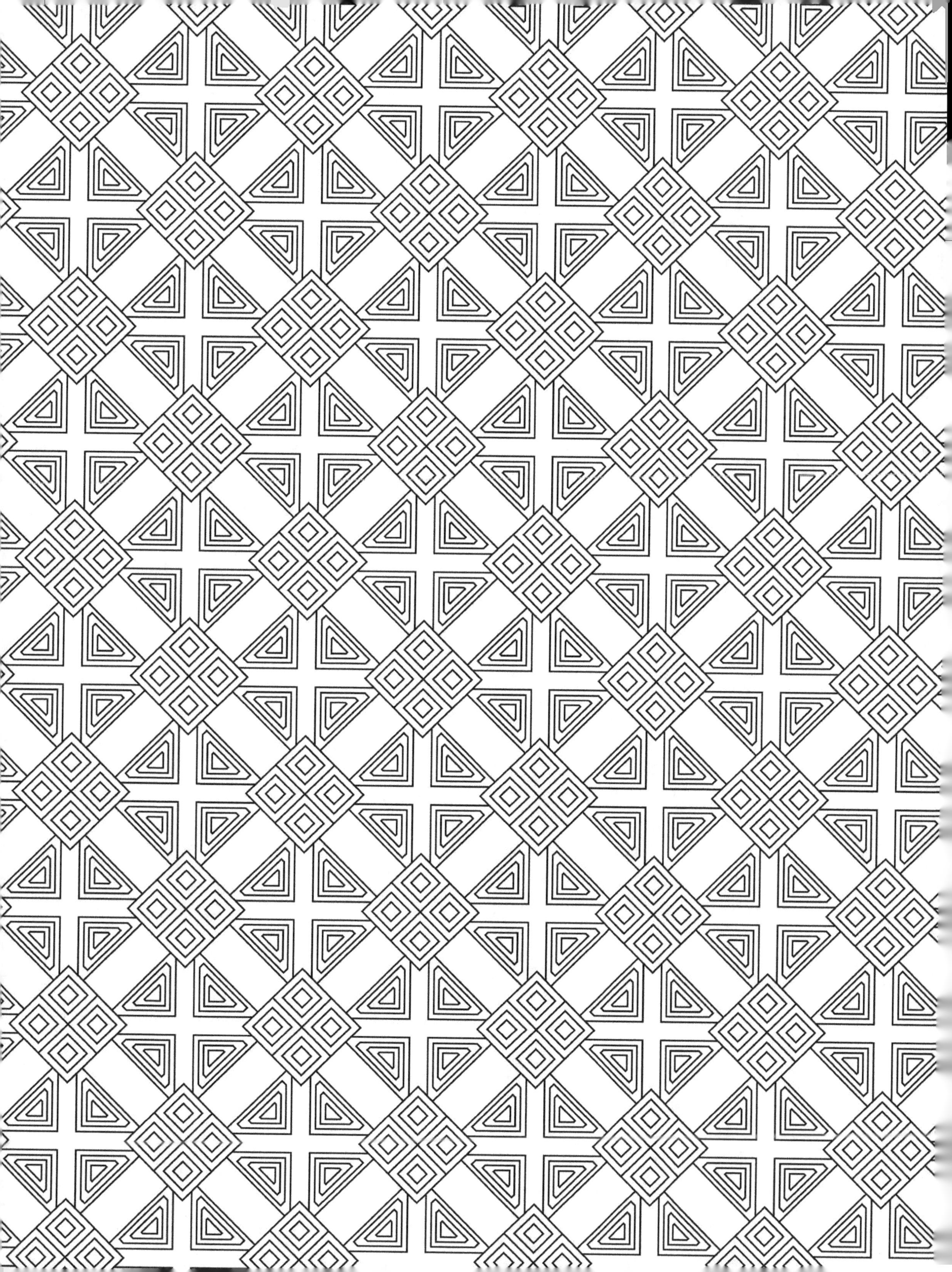

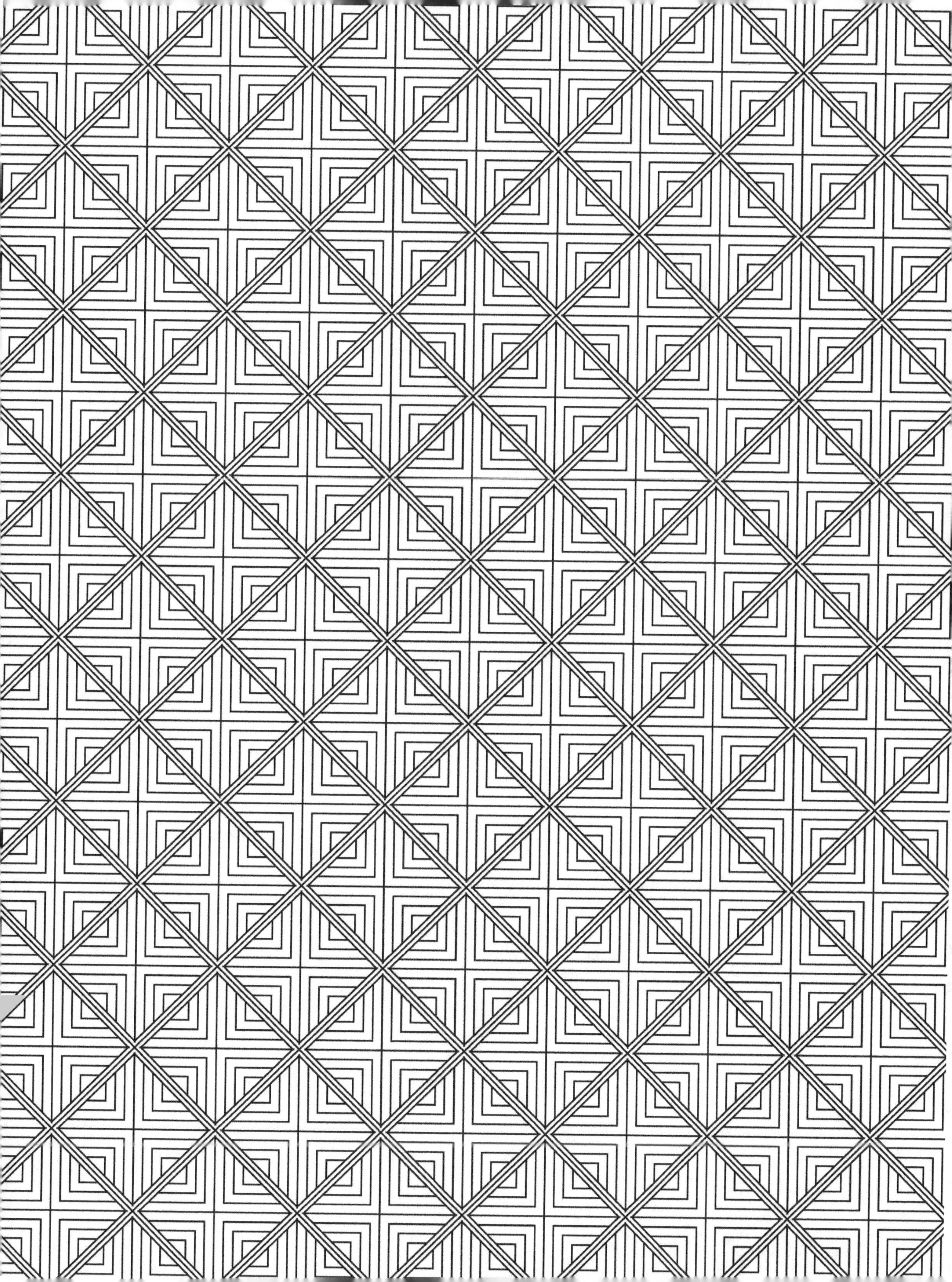